¡Arriba!

Nuevos enfoques para ti

Vokabelheft 1

C.C.Buchner

¡Arriba!

Nuevos enfoques para ti

Herausgegeben von Melanie Hohmann und Sabine Wolf-Zappek

Vokabelheft 1

Erarbeitet von Johanna Fey

Bildnachweis
Andreas Gerster, Bamberg: Umschlag (2);
Michaela Silvia Hoffmann, Bamberg: Umschlag (5)

1. Auflage, 1. Druck 2016
Alle Drucke dieser Auflage sind, weil untereinander unverändert, nebeneinander benutzbar.

Dieses Werk folgt der reformierten Rechtschreibung und Zeichensetzung. Ausnahmen bilden Texte, bei denen künstlerische, philologische oder lizenzrechtliche Gründe einer Änderung entgegenstehen.

Umschlaggestaltung, Layout und Satz: tiff.any GmbH, Berlin
Illustrationen: Katja Rau, Berglen
Druck und Bindung: Pustet, Regensburg

www.ccbuchner.de
ISBN 978-3-661-**80051**-6

Vorwort

Lieber Spanisch-Lerner, liebe Spanisch-Lernerin,

das Vokabelheft zum Lehrwerk *Arriba* erleichtert dir das Lernen und Wiederholen der Vokabeln. Darin findest du den Wortschatz aus *Arriba 1* nach Kapiteln geordnet. Auf der linken Seite steht der spanische Ausdruck und auf der rechten Seite die deutsche Übersetzung.
Nachdem du das neue Wort gelernt hast und es beim Abfragen kannst, hakst du es ganz rechts im entsprechenden Kästchen ab. Dies solltest du nach einiger Zeit wiederholen.
Wenn du ein bestimmtes Wort suchst, so hilft dir dabei das *Diccionario* ab Seite 65.
Die Notizen-Seiten nach jedem Kapitel sind für dich bestimmt. Du kannst hier eine Hilfe aufschreiben, mit der du dir die Vokabeln besonders gut merken kannst. So eine Hilfe kann ein Beispiel, das Gegenteil oder ein Satz, aber auch ein Reim, eine Gleichung, ein Bild oder ein Wortbild sein.
Schau dir die Beispiele auf der übernächsten Seite an. Du hast bestimmt viele gute Ideen!
Dein neues Vokabelheft ist sehr praktisch. Es passt gut in die Hosentasche, so dass es dich überall hin begleiten kann.
Wenn du also das nächste Mal auf den Bus wartest, vorm Fernseher die Werbepausen nutzen oder bei Freunden nach der Schule lernen möchtest, kannst du es einfach mitnehmen.

Viel Spaß beim Spanisch-Lernen
wünscht dir

Das *Arriba*-Team

Liebe Eltern,

Vokabellernen ist ein kontinuierlicher Prozess, der zum Erlernen einer Sprache dazugehört. Um im Spanischen am Ball zu bleiben, sollten Ihre Kinder regelmäßig Vokabeln lernen und Wortschatz der bereits bearbeiteten Lektionen wiederholen. Jeden Tag 10 Minuten zu lernen ist dabei besser als einmal pro Woche eine Stunde. Da diese Regelmäßigkeit den Schülern meist schwer fällt, können Sie Ihre Kinder darin unterstützen – auch wenn Sie selbst kein Spanisch sprechen. Als Erstes können Sie regelmäßig kontrollieren, ob Ihre Kinder Vokabeln schreiben und mit diesem Heft arbeiten. Sie können aber auch im Alltag das Vokabellernen Ihrer Kinder integrieren: Bei einer Haushaltstätigkeit beispielsweise können sie Ihren Kindern die deutsche Vokabel nennen, die diese anschließend übersetzen. Das Überprüfen, ob die spanische Vokabel richtig genannt wurde, ist nicht schwierig, da die spanischen Wörter meistens so gesprochen, wie sie auch geschrieben werden.

Mit den besten Wünschen

Ihr *Arriba*-Team

Aprendo mi vocabulario

Um Vokabeln nachhaltiger zu lernen, kannst du verschiedene Strategien anwenden.
Diese Übersicht gibt dir dazu Hilfen.

STRATEGÍA	ESPAÑOL	AYUDA	ALEMÁN
Bilder	el libro		das Buch
Wortbilder	la pluma		der Füller
andere Sprachen	el ejemplo	example	das Beispiel
Wortfamilie	la presentación	verbo : presentar algo	die Präsentation
Synonyme/ Antonyme	contestar a algo	= responder, ≠ preguntar	auf etw. antworten
Erklärung	el bolígrafo	Una cosa para escribir.	der Kugelschreiber
Beispielsätze	leer algo	En clase los alumnos *leen* libros.	etw. lesen
Eselsbrücken	la luz	Lutz macht das Licht an.	das Licht
Reime	el cuaderno	Mi cuaderno es muy moderno.	das Heft

1 ¡Bienvenidos a Sevilla!

¡Bienvenidos/as!	Willkommen!	☐☐☐☐☐

A Sevilla es …

T en	in	☐☐☐☐☐
el taxi	das Taxi	☐☐☐☐☐
el/ la taxista	der Taxifahrer/ die Taxifahrerin	☐☐☐☐☐
ya	*hier:* gleich	☐☐☐☐☐
¡Hola!	Hallo!	☐☐☐☐☐
el chico	der Junge	☐☐☐☐☐
la chica	das Mädchen	☐☐☐☐☐
Me llamo …	Ich heiße …	☐☐☐☐☐
¡Buenos días!	Guten Tag!	☐☐☐☐☐
yo	ich	☐☐☐☐☐
Yo soy …	Ich bin …	☐☐☐☐☐
y	und	☐☐☐☐☐
tú	du	☐☐☐☐☐
¿Cómo te llamas?	Wie heißt du?	☐☐☐☐☐
¿Cómo?	Wie?	☐☐☐☐☐
No entiendo.	Ich verstehe nicht.	☐☐☐☐☐

¿Qué?	Was? Welche/r/s?
¿Qué tal?	Wie geht's?
muy	sehr
bien	gut
Vosotros sois …	Ihr seid …
el alemán	Deutsch, die deutsche Sprache
alemán / alemana	deutsch
¿verdad?	nicht wahr?
sí	ja
Somos de …	Wir sind aus …
Alemania	Deutschland
para, para mí, para ti	für, für mich, für dich
Él / Ella es …	Er / Sie ist …
el fútbol	der Fußball
España	Spanien
el sol	die Sonne
el helado	das Eis
la playa	der Strand
también	auch
claro	na klar
Tú eres …	Du bist …

	el/la turista	der Tourist/die Touristin	☐☐☐☐☐
	la familia	die Familie	☐☐☐☐☐
	la música	die Musik	☐☐☐☐☐
	el flamenco	traditionelle spanische Musikrichtung	☐☐☐☐☐
	el amigo/ la amiga	der Freund/ die Freundin	☐☐☐☐☐
	el mar	das Meer	☐☐☐☐☐
	las tapas	die Häppchen, die Tapas	☐☐☐☐☐
	vale	okay, einverstanden	☐☐☐☐☐
	aquí	hier	☐☐☐☐☐
	¡Adiós!	Tschüss!	☐☐☐☐☐
	¡Hasta la vista!	Auf Wiedersehen!	☐☐☐☐☐
2	así así	so lala	☐☐☐☐☐
	regular	mittelmäßig	☐☐☐☐☐
	mal	schlecht	☐☐☐☐☐
3	¿De dónde?	Woher?	☐☐☐☐☐
8	el trabalenguas	der Zungenbrecher	☐☐☐☐☐
9	¡Hasta luego!	Bis später!	☐☐☐☐☐
	el abrazo	die Umarmung, *hier:* herzliche Grüße	☐☐☐☐☐

B Un paseo por Sevilla

	un/una	ein/eine
	el paseo	der Spaziergang
	por	durch
T	el centro	das Zentrum
	con	mit
	el abuelo	der Großvater, der Opa
	la abuela	die Großmutter, die Oma
	los abuelos	die Großeltern
	este/esta	dieser/diese
	la torre	der Turm
	de	von, aus
	árabe	arabisch
	el bar	die Bar, das Café
	¡Qué bonito/a!	Wie schön!
	el restaurante	das Restaurant
	la plaza	der Platz
	¡Mira!	Schau mal!
	el parque	der Park
	el río	der Fluss

el café	der Kaffee, das Café	☐☐☐☐☐
la heladería	das Eiscafé	☐☐☐☐☐
por favor	bitte	☐☐☐☐☐
el chocolate	die Schokolade	☐☐☐☐☐
la vainilla	die Vanille	☐☐☐☐☐
dos	zwei	☐☐☐☐☐
¡Vamos!	Los geht's!	☐☐☐☐☐
2 ¡Ojo!	Vorsicht!, Aufgepasst!	☐☐☐☐☐
la mascota	das Haustier	☐☐☐☐☐
el libro	das Buch	☐☐☐☐☐
la guitarra	die Gitarre	☐☐☐☐☐
el museo	das Museum	☐☐☐☐☐
la biblioteca	die Bibliothek	☐☐☐☐☐

Para tus apuntes

el abuelo + la abuela = los abuelos

2 Los nuevos amigos

A Los nuevos chicos del barrio

	nuevo/a	neu	□□□□□
	el barrio	das Stadtviertel	□□□□□
T	la calle	die Straße	□□□□□
	hablar	sprechen, reden	□□□□□
	el/la español/a, el español, español/a	der Spanier/die Spanierin, Spanisch, spanisch	□□□□□
	pero	aber	□□□□□
	mi	mein/e	□□□□□
	el padre, el papá	der Vater, der Papa	□□□□□
	el/la piloto	der Pilot/die Pilotin	□□□□□
	uno	eins	□□□□□
	dos	zwei	□□□□□
	tres	drei	□□□□□
	cuatro	vier	□□□□□
	cinco	fünf	□□□□□
	seis	sechs	□□□□□
	siete	sieben	□□□□□
	ocho	acht	□□□□□

nueve	neun	☐☐☐☐☐
diez	zehn	☐☐☐☐☐
once	elf	☐☐☐☐☐
doce	zwölf	☐☐☐☐☐
trece	dreizehn	☐☐☐☐☐
catorce	vierzehn	☐☐☐☐☐
quince	fünfzehn	☐☐☐☐☐
dieciséis	sechzehn	☐☐☐☐☐
diecisiete	siebzehn	☐☐☐☐☐
dieciocho	achtzehn	☐☐☐☐☐
diecinueve	neunzehn	☐☐☐☐☐
veinte	zwanzig	☐☐☐☐☐
trabajar	arbeiten	☐☐☐☐☐
ahora	jetzt, nun	☐☐☐☐☐
¡Qué + …!	Wie …!, Was für ein/e …!	☐☐☐☐☐
guay	toll, super	☐☐☐☐☐
Es que …	Es ist so, dass …	☐☐☐☐☐
la madre, la mamá	die Mutter, die Mama	☐☐☐☐☐
la casa	das Haus	☐☐☐☐☐
en casa	zu Hause	☐☐☐☐☐
chulo/a	cool, toll	☐☐☐☐☐

gracias	danke	☐☐☐☐☐
tener (e → ie)	haben	☐☐☐☐☐
el año	das Jahr	☐☐☐☐☐
¿Cuántos?/ ¿Cuántas?	Wie viele?	☐☐☐☐☐
¿Cuántos años tienes?	Wie alt bist du?	☐☐☐☐☐
el hermano	der Bruder	☐☐☐☐☐
la hermana	die Schwester	☐☐☐☐☐
los hermanos	die Geschwister	☐☐☐☐☐
un/una	ein/eine	☐☐☐☐☐
el/la mellizo/a, mellizo/a	der Zwilling, Zwillings-	☐☐☐☐☐
un poco (de)	ein bisschen (von)	☐☐☐☐☐
no	nein, nicht, kein/e	☐☐☐☐☐
pues	also, nun ja	☐☐☐☐☐
cenar	zu Abend essen	☐☐☐☐☐
el momento	der Moment	☐☐☐☐☐
¡Hasta mañana!	Bis morgen!	☐☐☐☐☐
mañana	morgen	☐☐☐☐☐
el colegio, el cole	die Schule	☐☐☐☐☐
entonces	also, dann	☐☐☐☐☐
2 ¡Buenas tardes!	Guten Abend!	☐☐☐☐☐

	¡Buenas noches!	Gute Nacht!	☐☐☐☐☐
4	el perro	der Hund	☐☐☐☐☐
	él / ella se llama …	er / sie heißt …	☐☐☐☐☐
5	usted / ustedes	Sie (Höflichkeitsform, Singular u. Plural)	☐☐☐☐☐
	nosotros/as	wir	☐☐☐☐☐
6	el idioma	die Sprache	☐☐☐☐☐
	inglés	englisch	☐☐☐☐☐
	turco	türkisch	☐☐☐☐☐
	ruso	russisch	☐☐☐☐☐
	italiano	italienisch	☐☐☐☐☐
	francés	französisch	☐☐☐☐☐
	polaco	polnisch	☐☐☐☐☐
	checo	tschechisch	☐☐☐☐☐
	portugués	portugiesisch	☐☐☐☐☐
	porque	weil	☐☐☐☐☐

B Nuestras mascotas

	nuestro / a	unser / e	☐☐☐☐☐
T	Estos / Estas son …	Das hier sind …	☐☐☐☐☐
	ser	sein	☐☐☐☐☐
	el perro / la perra	der Hund / die Hündin	☐☐☐☐☐

la mascota	das Haustier	□□□□□
Él/Ella se llama …	Er/Sie heißt …	□□□□□
el pez, los peces	der Fisch, die Fische	□□□□□
el gato/la gata	der Kater/die Katze	□□□□□
el periquito	der Wellensittich	□□□□□
4 Ellos/Ellas se llaman …	Sie heißen …	□□□□□

Para tus apuntes

el colegio, el cole –  college

3 ¡Vamos al cole!

la cosa	die Sache	☐☐☐☐☐
la pluma	der Füller	☐☐☐☐☐
el estuche	das Mäppchen	☐☐☐☐☐
el lápiz, los lápices	der Bleistift, die Bleistifte	☐☐☐☐☐
a ver	mal sehen	☐☐☐☐☐
mirar	schauen, sehen	☐☐☐☐☐
la lista	die Liste	☐☐☐☐☐
¡Bienvenidos/as!	Willkommen!	☐☐☐☐☐
primer	der/die/das erste	☐☐☐☐☐
el día	der Tag	☐☐☐☐☐
necesitar	benötigen, brauchen	☐☐☐☐☐
la mochila	der Rucksack, der Schulranzen	☐☐☐☐☐
el bolígrafo, el boli	der Kugelschreiber, der Kuli	☐☐☐☐☐
el libro	das Buch	☐☐☐☐☐
el cuaderno	das Heft	☐☐☐☐☐
la goma de borrar	der Radiergummi	☐☐☐☐☐
el borratintas	der Tintenkiller	☐☐☐☐☐

¡Hasta pronto!	Bis bald!	□□□□□
pronto	bald, schnell	□□□□□

A El primer día de clase

T hoy	heute	□□□□□
la clase	die Klasse, der Unterricht	□□□□□
estar	sein, sich befinden	□□□□□
cerca de	in der Nähe von	□□□□□
hay	es gibt, es befindet/n sich	□□□□□
el alumno/ la alumna	der Schüler/ die Schülerin	□□□□□
ya	schon, gleich	□□□□□
el aula, las aulas	der Klassenraum, die Klassenräume	□□□□□
el/la profesor/a, el/la profe	der Lehrer/ die Lehrerin	□□□□□
entrar	eintreten, betreten	□□□□□
el silencio	die Stille, die Ruhe	□□□□□
¿Dónde?	Wo?	□□□□□
vivir	leben, wohnen	□□□□□
¡Perdón!	Entschuldigung!	□□□□□

otra vez	noch einmal	□□□□□
más despacio	langsamer	□□□□□
la pregunta	die Frage	□□□□□
¿Cómo se dice …?	Wie sagt man …?, Was bedeutet …?	□□□□□
escribir	schreiben	□□□□□
la palabra	das Wort	□□□□□
la pizarra	die Tafel	□□□□□
leer	lesen	□□□□□
empezar (e → ie)	anfangen, beginnen	□□□□□
revisar	überprüfen, nachsehen	□□□□□
los deberes	die Hausaufgaben	□□□□□
después, después de	danach, nach, nachdem	□□□□□
el texto	der Text	□□□□□
la página	die Seite	□□□□□
nunca	nie	□□□□□
tu	dein/e	□□□□□
¡Qué calor!	Was für eine Hitze!	□□□□□
beber	trinken	□□□□□
abrir	öffnen	□□□□□
la ventana	das Fenster	□□□□□

3	la puerta	die Tür
	la esponja	der Schwamm
	la tiza	die Kreide
	el mapa	die (Land-)Karte
	la silla	der Stuhl
	la mesa	der Tisch
	la papelera	der Papierkorb
	la calculadora	der Taschenrechner
	la carpeta	der Schnellhefter
	el sacapuntas	der Anspitzer
	el suelo	der Boden
	la pared	die Wand
	su	sein/e, ihr/e
4	escuchar	hören, zuhören
	en pareja	*hier:* in Partnerarbeit
	preguntar (a alguien)	(jemanden) fragen
	con atención	aufmerksam
	siempre	immer
5	reaccionar	reagieren
	¡Cerrad ...!	Schließt ...!
	¡Repetid ...!	Wiederholt ...!
	a coro	im Chor

la frase	der Satz	☐☐☐☐☐
¡Sacad …!	Nehmt … heraus!	☐☐☐☐☐
¡Haced …!	Macht …!	☐☐☐☐☐
el ejercicio	die Übung, die Aufgabe	☐☐☐☐☐

B En el recreo

T el recreo	die Pause	☐☐☐☐☐
dar una vuelta por	einen Rundgang machen durch	☐☐☐☐☐
el instituto, el insti	die (weiterführende) Schule	☐☐☐☐☐
el/la compañero/a	der Mitschüler/ die Mitschülerin	☐☐☐☐☐
por fin	endlich	☐☐☐☐☐
el hambre	der Hunger	☐☐☐☐☐
el comedor	die Schulcafeteria	☐☐☐☐☐
esperar a alguien	warten auf jemanden	☐☐☐☐☐
estar	sein, sich befinden	☐☐☐☐☐
comer	essen	☐☐☐☐☐
la izquierda, a la izquierda	die linke Seite, links	☐☐☐☐☐

el grupo (musical)	die Gruppe, die Musikgruppe	☐☐☐☐☐
cantar	singen	☐☐☐☐☐
mucho	viel, sehr	☐☐☐☐☐
cada	jeder/jede/jedes	☐☐☐☐☐
grabar	aufnehmen, filmen	☐☐☐☐☐
el vídeo	das Video	☐☐☐☐☐
el blog	der Blog	☐☐☐☐☐
la derecha, a la derecha	die rechte Seite, rechts	☐☐☐☐☐
el bocadillo	das belegte Brötchen	☐☐☐☐☐
la tortilla	spanisches Kartoffel-Omelett	☐☐☐☐☐
el bollo	das Gebäckstück	☐☐☐☐☐
el buñuelo	der Windbeutel	☐☐☐☐☐
¡Oye!	Hör mal!	☐☐☐☐☐
usar	benutzen	☐☐☐☐☐
el móvil	das Handy	☐☐☐☐☐
¡Qué va!	Ach was! Blödsinn!	☐☐☐☐☐
como	wie	☐☐☐☐☐
nuestro/a	unser/unsere	☐☐☐☐☐
el ordenador	der Computer	☐☐☐☐☐
la informática	die Informatik	☐☐☐☐☐

	el laboratorio	das Labor
	el gimnasio	die Sporthalle, das Fitnessstudio
	el patio	der Schulhof, der Innenhof
	al final de	am Ende von
	¿Qué más?	Was noch?
	la biblioteca	die Bibliothek
	al lado de	neben
	buscar algo / a alguien	etwas / jemanden suchen
	tener que ir al baño	auf Toilette gehen müssen
	el (cuarto de) baño	das WC, die Toilette
1	la caja de herramientas	der Werkzeugkasten
4	la persona	die Person
	la actividad	die Aktivität, die Tätigkeit
6	el mensaje	die Nachricht
	¡cariño!	mein Schatz!, Liebes!
	todavía	(immer) noch
7	faltar	fehlen

	el aula de música	Musikraum, Musiksaal	☐☐☐☐☐
	la imagen	das Bild	☐☐☐☐☐
10	la chuleta	der Spickzettel	☐☐☐☐☐
	el empollón	der Streber	☐☐☐☐☐
	la galleta	der Keks	☐☐☐☐☐
	el yogur	der Joghurt	☐☐☐☐☐
11	¡Qué lío!	Was für ein Durcheinander!	☐☐☐☐☐
12	llevar	tragen	☐☐☐☐☐

Para tus apuntes

el comedor · ¿**Comemos** una pizza?

4 Hablamos de nuestra familia

el tío / la tía	der Onkel / die Tante	☐☐☐☐☐
el primo / la prima	der Cousin / die Cousine	☐☐☐☐☐
el novio / la novia	der feste Freund / die feste Freundin	☐☐☐☐☐
el marido de la madre / la mujer del padre	der Stiefvater / die Stiefmutter	☐☐☐☐☐
el/la bisabuelo/a	der Uropa/die Uroma	☐☐☐☐☐
el/la hermano/a por parte de la madre/del padre	der Halbbruder / die Halbschwester	☐☐☐☐☐
el nieto/la nieta	der Enkel/die Enkelin	☐☐☐☐☐
el hijo/la hija	der Sohn/die Tochter	☐☐☐☐☐

A Somos una familia

T la habitación	das Zimmer, der Raum	☐☐☐☐☐
mucho/a/os/as	viel, viele	☐☐☐☐☐
grande	groß	☐☐☐☐☐
bonito/a	schön, hübsch	☐☐☐☐☐

la fotografía, la foto	das Foto	☐☐☐☐☐
¿Quién?/¿Quiénes?	Wer?	☐☐☐☐☐
¿De quiénes son?	Von wem sind sie?	☐☐☐☐☐
la fiesta	das Fest, die Feier	☐☐☐☐☐
el cumpleaños, el cumple	der Geburtstag	☐☐☐☐☐
que	der, die, das (Relativpronomen)	☐☐☐☐☐
el pelo	das Haar, die Haare, das Fell	☐☐☐☐☐
gris	grau	☐☐☐☐☐
todo el/toda la	der ganze/die ganze	☐☐☐☐☐
poco, poco/a/os/as	kaum, wenig/e	☐☐☐☐☐
la gente	die Leute	☐☐☐☐☐
la persona	die Person	☐☐☐☐☐
todos	alle	☐☐☐☐☐
solo	nur	☐☐☐☐☐
rubio/a	blond	☐☐☐☐☐
gordito/a	mollig	☐☐☐☐☐
la mujer	die Frau	☐☐☐☐☐
delgado/a	schlank	☐☐☐☐☐
bajo/a	klein (Körpergröße)	☐☐☐☐☐

simpático/a	sympathisch, liebenswert, nett	□□□□□
divertido/a	lustig	□□□□□
tranquilo/a	ruhig	□□□□□
activo/a	aktiv	□□□□□
moreno/a	braunhaarig	□□□□□
favorito/a	Lieblings-	□□□□□
genial	genial, toll	□□□□□
guapo/a	hübsch, gutaussehend	□□□□□
otro/a	ein anderer/ anderes / eine andere	□□□□□
el equipo	das Team, die Mannschaft	□□□□□
alto/a	groß (Körpergröße)	□□□□□
dulce	süß	□□□□□
como	wie	□□□□□
cariñoso/a	herzlich, liebevoll	□□□□□
por internet	im/über das Internet	□□□□□
pequeño/a	klein	□□□□□
listo/a	schlau, klug	□□□□□
4 el correo (electrónico)	die E-Mail	□□□□□

	nuevo/a	neu	□□□□□
	pesado/a	nervig	□□□□□
6	castaño/a	braun (Haare)	□□□□□
	largo/a	lang	□□□□□
	corto/a	kurz	□□□□□
	el pelo liso	glattes Haar	□□□□□
	el pelo rizado	krauses/lockiges Haar	□□□□□
	creo que …	ich glaube, (dass) …	□□□□□
7	describir	beschreiben	□□□□□
	el aspecto físico	das Aussehen	□□□□□
	el carácter	der Charakter	□□□□□
8	el/la familiar	der/die Verwandte	□□□□□
	llamar	*hier:* nennen	□□□□□
	el compadre	der Freund, der Kumpel	□□□□□
10	la vida	das Leben	□□□□□
	celebrar	feiern	□□□□□
	la educación física	der Sport(-Unterricht)	□□□□□
13	importante	wichtig	□□□□□
14	el/la habitante	der Einwohner/ die Einwohnerin	□□□□□
	tú ves	du siehst	□□□□□

B Un amigo para Speedy

1	el jardín zoológico	der Zoo	☐☐☐☐☐
	el lugar	der Ort, der Platz	☐☐☐☐☐
	aprender a reconocer semillas	lernen, Samen zu bestimmen	☐☐☐☐☐
	la huerta	der Obst- und Gemüsegarten	☐☐☐☐☐
T	pasar	verbringen, los sein, passieren	☐☐☐☐☐
	la granja	der Bauernhof	☐☐☐☐☐
	el animal	das Tier	☐☐☐☐☐
	diferente	anders, verschieden	☐☐☐☐☐
	la gallina	das Huhn, die Henne	☐☐☐☐☐
	la cabra	die Ziege	☐☐☐☐☐
	el cerdo	das Schwein	☐☐☐☐☐
	el pavo	der Truthahn	☐☐☐☐☐
	la oveja	das Schaf	☐☐☐☐☐
	ellos ven	sie sehen	☐☐☐☐☐
	alegre	fröhlich	☐☐☐☐☐
	gracioso/a	lustig	☐☐☐☐☐
	loco/a	verrückt	☐☐☐☐☐
	a veces	manchmal	☐☐☐☐☐

solo/a	allein, einsam
triste	traurig
porque	weil
pobre	arm
tener razón	Recht haben
¿Por qué?	Warum?, Weshalb?
el campo	das Land, das Feld
la ciudad	die Stadt
tal vez	vielleicht
tampoco	auch nicht
el conejillo de Indias	das Meerschweinchen
la idea	die Idee
además	außerdem
el trabajo	die Arbeit
aburrido/a	langweilig (mit *ser*), gelangweilt (mit *estar*)
¿Qué tal …?	*hier:* Wie steht's/ Wie wär's mit …?
el conejo	das Kaninchen
el ratón	die Maus
la jaula	der Käfig
interesante	interessant

	complicado/a	schwierig, kompliziert	☐☐☐☐☐
3	comprar	kaufen	☐☐☐☐☐
4	saber	wissen	☐☐☐☐☐
8	la ficha personal	der Steckbrief	☐☐☐☐☐
	la edad	das Alter	☐☐☐☐☐
	la dirección	die Adresse	☐☐☐☐☐
	el dibujo	die Zeichnung	☐☐☐☐☐
11	el **tiempo**	**die Zeit**	☐☐☐☐☐
	yo prefiero	ich bevorzuge/ möchte lieber	☐☐☐☐☐
	estudiar	**lernen, studieren**	☐☐☐☐☐
	ellos hacen	sie machen	☐☐☐☐☐
13	el saludo	der Gruß	☐☐☐☐☐
	desde	von, aus	☐☐☐☐☐
	muchas veces	oft	☐☐☐☐☐
	juntos/as	gemeinsam, zusammen	☐☐☐☐☐

Para tus apuntes

Hoy es mi **cumple**.

5 Quedamos con los amigos

quedar (con alguien)	sich (mit jemandem) verabreden, treffen	☐☐☐☐☐
gustarle a alguien	jemandem gefallen	☐☐☐☐☐
chatear	chatten	☐☐☐☐☐
bailar	tanzen	☐☐☐☐☐
ver	sehen	☐☐☐☐☐
la televisión, la tele	das Fernsehen	☐☐☐☐☐
tocar	spielen (Instrument), anfassen	☐☐☐☐☐
la guitarra	die Gitarre	☐☐☐☐☐
jugar (u → ue)	spielen (Sport und Spiel)	☐☐☐☐☐
la consola	die Spielkonsole	☐☐☐☐☐
nadar	schwimmen	☐☐☐☐☐
el balonmano	Handball	☐☐☐☐☐
el baloncesto	Basketball	☐☐☐☐☐
el voleibol	Volleyball	☐☐☐☐☐
ir en monopatín, *auch:* montar skateboard	Skateboard fahren	☐☐☐☐☐
montar a caballo	reiten	☐☐☐☐☐
hacer	machen, tun	☐☐☐☐☐

el deporte	der Sport	☐☐☐☐☐
el ciclismo	der Radsport	☐☐☐☐☐
el instrumento	das Instrument	☐☐☐☐☐
hablar por teléfono	telefonieren	☐☐☐☐☐
el teléfono	das Telefon	☐☐☐☐☐
ir	gehen	☐☐☐☐☐
el cine	das Kino	☐☐☐☐☐
la bolera	die Bowlingbahn	☐☐☐☐☐
ir de compras	shoppen, einkaufen gehen	☐☐☐☐☐
descansar	sich ausruhen	☐☐☐☐☐

A En el polideportivo

	el polideportivo	die Sportanlage	☐☐☐☐☐
T	charlar	reden, sich unterhalten	☐☐☐☐☐
	bastante	ziemlich	☐☐☐☐☐
	siempre	immer	☐☐☐☐☐
	bueno	also gut, na ja	☐☐☐☐☐
	bueno/a	gut, nett	☐☐☐☐☐
	nunca	nie	☐☐☐☐☐
	nada	nichts, gar nicht	☐☐☐☐☐

sobre todo	vor allem	☐☐☐☐☐
la pasada	der Hit, der Wahnsinn	☐☐☐☐☐
el violín	die Geige, die Violine	☐☐☐☐☐
a menudo	oft	☐☐☐☐☐
la canción	das Lied	☐☐☐☐☐
encantarle a alguien	jemanden entzücken, jemandem sehr gefallen	☐☐☐☐☐
¡Cuidado!	Achtung!, Vorsicht!, Pass auf!	☐☐☐☐☐
Lo siento.	Tut mir leid.	☐☐☐☐☐
No pasa nada.	Das macht doch nichts.	☐☐☐☐☐
tener ganas de hacer algo	Lust haben, etwas zu tun	☐☐☐☐☐
la broma	der Scherz	☐☐☐☐☐
2 la película, la peli	der Film	☐☐☐☐☐
5 mismo/a	gleich, identisch	☐☐☐☐☐
7 normalmente	normalerweise	☐☐☐☐☐
así que	also; sodass	☐☐☐☐☐
todos los días	jeden Tag	☐☐☐☐☐

B ¿Quedamos el fin de semana?

el fin de semana	das Wochenende	☐☐☐☐☐
la semana	die Woche	☐☐☐☐☐
T la tarde	der Nachmittag	☐☐☐☐☐
por la tarde	nachmittags	☐☐☐☐☐
querer (e → ie)	wollen, lieben	☐☐☐☐☐
llamar	rufen	☐☐☐☐☐
llamar por teléfono	anrufen	☐☐☐☐☐
¿Diga?	Ja, bitte?	☐☐☐☐☐
poner	verbinden; zeigen	☐☐☐☐☐
¿Me puede poner con …?	Könnte ich mit … sprechen?	☐☐☐☐☐
¿De parte de quién?	Wer spricht?	☐☐☐☐☐
conmigo, contigo	mit mir, mit dir	☐☐☐☐☐
¿Cuándo?	Wann?	☐☐☐☐☐
y media	halb	☐☐☐☐☐
poder (o → ue)	können	☐☐☐☐☐
estar de visita	zu Besuch sein	☐☐☐☐☐
la visita	der Besuch	☐☐☐☐☐
¿A qué hora?	Um wie viel Uhr?	☐☐☐☐☐
la hora	die Uhrzeit, die Stunde	☐☐☐☐☐

menos cuarto	viertel vor	☐☐☐☐☐
si	wenn, falls, ob	☐☐☐☐☐
y cuarto	viertel nach	☐☐☐☐☐
¡Nos vemos!	Wir sehen uns!	☐☐☐☐☐
tocar el timbre	an der Tür klingeln, läuten	☐☐☐☐☐
entender (e → ie)	verstehen	☐☐☐☐☐
el nombre	der Name	☐☐☐☐☐
encontrar (o → ue)	finden	☐☐☐☐☐
el portero automático	die Gegensprechanlage	☐☐☐☐☐
el lunes	(am) Montag	☐☐☐☐☐
el martes	(am) Dienstag	☐☐☐☐☐
el miércoles	(am) Mittwoch	☐☐☐☐☐
el jueves	(am) Donnerstag	☐☐☐☐☐
el viernes	(am) Freitag	☐☐☐☐☐
el sábado	(am) Samstag	☐☐☐☐☐
el domingo	(am) Sonntag	☐☐☐☐☐
2 primero	zuerst	☐☐☐☐☐
el mensaje	die Nachricht	☐☐☐☐☐
4 ¿Qué hora es?	Wie spät ist es?	☐☐☐☐☐
la mañana	der Morgen	☐☐☐☐☐

	la noche	die Nacht	☐☐☐☐☐
	la cama	das Bett	☐☐☐☐☐
	el concierto	das Konzert	☐☐☐☐☐
	la excursión	der Ausflug, die Exkursion	☐☐☐☐☐
5	pasear	spazieren gehen	☐☐☐☐☐
	pasear a alguien	jemanden spazieren führen, ausführen	☐☐☐☐☐
	montar en bici	Rad fahren	☐☐☐☐☐
	la compra	der Einkauf	☐☐☐☐☐
6	mola mucho	das ist total toll / super	☐☐☐☐☐
7	por eso	deshalb, deswegen	☐☐☐☐☐

Para tus apuntes

el violín 

6 Organizamos la casa

encima de	über, auf	☐☐☐☐☐
debajo de	unter	☐☐☐☐☐
delante de	vor	☐☐☐☐☐
detrás de	hinter	☐☐☐☐☐
entre	zwischen	☐☐☐☐☐
enfrente de	gegenüber	☐☐☐☐☐
propio/a	eigen	☐☐☐☐☐
el lío	das Durcheinander	☐☐☐☐☐
la caja	die Kiste, der Karton	☐☐☐☐☐

A ¡Qué lío!

T todo el/toda la	der ganze/die ganze	☐☐☐☐☐
desayunar	frühstücken	☐☐☐☐☐
llegar	ankommen	☐☐☐☐☐
el mueble	das Möbelstück	☐☐☐☐☐
todos/as mis/tus	alle meine/alle deine	☐☐☐☐☐
organizar	organisieren, einrichten	☐☐☐☐☐
el cuarto	das Zimmer, der Raum	☐☐☐☐☐

el lugar	der Ort, der Platz	☐☐☐☐☐
hay lugar	es gibt Platz, da ist Platz	☐☐☐☐☐
el escritorio	der Schreibtisch	☐☐☐☐☐
poner	*hier:* setzen, stellen, legen	☐☐☐☐☐
la estantería	das Regal	☐☐☐☐☐
el videojuego	das Videospiel	☐☐☐☐☐
tener que	müssen	☐☐☐☐☐
hasta	bis	☐☐☐☐☐
ordenar	aufräumen, ordnen	☐☐☐☐☐
todo	alles	☐☐☐☐☐
la lámpara	die Lampe	☐☐☐☐☐
nada de eso	nichts davon; nichts da	☐☐☐☐☐
el camión de la mudanza	der Umzugswagen	☐☐☐☐☐
puntual	pünktlich	☐☐☐☐☐
nervioso/a	nervös, aufgeregt	☐☐☐☐☐
la correa (del perro)	die Leine, die Hundeleine	☐☐☐☐☐
allí	dort, da drüben	☐☐☐☐☐
el rato	die Weile	☐☐☐☐☐

	así	so	☐☐☐☐☐
	bajar	abladen; herunterkommen	☐☐☐☐☐
	la tienda	das Geschäft, der Laden	☐☐☐☐☐
	por aquí cerca	hier in der Nähe	☐☐☐☐☐
	cerca	nah	☐☐☐☐☐
2	el armario	der Schrank	☐☐☐☐☐
	el cuadro	das Bild	☐☐☐☐☐
	la mesilla de noche	der Nachttisch	☐☐☐☐☐
	la vitrina	die Vitrine, der Glasschrank	☐☐☐☐☐
	el sofá	das Sofa	☐☐☐☐☐
	el televisor	der Fernseher	☐☐☐☐☐
	el sillón	der Sessel	☐☐☐☐☐
4	el cajón	die Schublade	☐☐☐☐☐
	la revista	die Zeitschrift	☐☐☐☐☐
	el póster	das Poster	☐☐☐☐☐
5	enseñar	zeigen	☐☐☐☐☐
7	ordenado/a	aufgeräumt	☐☐☐☐☐
	el resto	der Rest	☐☐☐☐☐
	el portalápices	der Stiftehalter	☐☐☐☐☐
8	el dormitorio	das Schlafzimmer	☐☐☐☐☐

	la cocina	die Küche
	el salón	das Wohnzimmer
	el comedor	*hier:* das Esszimmer
	el recibidor	die Diele, der Eingangsbereich
	el cuarto de baño	das Badezimmer
9	la terraza	die Terrasse
	el balcón	der Balkon
	el jardín	der Garten
	el garaje	die Garage
10	el árbol	der Baum
	el pájaro	der Vogel
	el techo	das Dach
	lejos (de)	weit, weit weg (von)

B Una fiesta en casa

1	presentar	präsentieren, vorstellen
	celebrar	feiern
	invitar	einladen
	la dirección	die Adresse
	venir (e → ie)	kommen

	la invitación	die Einladung	☐☐☐☐☐
	el/la invitado/a	der Gast	☐☐☐☐☐
2	el mes	der Monat	☐☐☐☐☐
	la fecha	das Datum	☐☐☐☐☐
	el enero	der Januar	☐☐☐☐☐
	el febrero	der Februar	☐☐☐☐☐
	el marzo	der März	☐☐☐☐☐
	el abril	der April	☐☐☐☐☐
	el mayo	der Mai	☐☐☐☐☐
	el junio	der Juni	☐☐☐☐☐
	el julio	der Juli	☐☐☐☐☐
	el agosto	der August	☐☐☐☐☐
	el septiembre	der September	☐☐☐☐☐
	el octubre	der Oktober	☐☐☐☐☐
	el noviembre	der November	☐☐☐☐☐
	el diciembre	der Dezember	☐☐☐☐☐
4	la batería	das Schlagzeug	☐☐☐☐☐
5	seguro/a	sicher	☐☐☐☐☐
	¡Qué pena!	Wie schade!	☐☐☐☐☐
	¡Es una lástima!	Das ist wirklich schade!	☐☐☐☐☐
T	preparar	vorbereiten	☐☐☐☐☐

la lista de la compra	die Einkaufsliste	☐☐☐☐☐
el globo	der (Luft-)Ballon	☐☐☐☐☐
las palomitas	das Popcorn	☐☐☐☐☐
las gomitas	die Gummibärchen	☐☐☐☐☐
los gusanitos	die Erdnussflips	☐☐☐☐☐
el vaso	das Glas	☐☐☐☐☐
el plato	der Teller	☐☐☐☐☐
el cartón	die Pappe, der Karton	☐☐☐☐☐
la bebida	das Getränk	☐☐☐☐☐
el zumo	der Saft	☐☐☐☐☐
faltar	fehlen	☐☐☐☐☐
algo	etwas	☐☐☐☐☐
la comida	das Essen	☐☐☐☐☐
la decoración	die Dekoration	☐☐☐☐☐
picar	naschen	☐☐☐☐☐
¡Qué emoción!	Wie schön!	☐☐☐☐☐
y eso que …	und dabei …, obwohl …	☐☐☐☐☐
¡Qué casualidad!	Was für ein Zufall!	☐☐☐☐☐
la suerte	das Glück	☐☐☐☐☐
por suerte	zum Glück	☐☐☐☐☐
¡Qué suerte!	Was für ein Glück!	☐☐☐☐☐

subir	hochstellen, erhöhen	☐☐☐☐☐
el volumen	die Lautstärke	☐☐☐☐☐
a tope	maximal, komplett	☐☐☐☐☐
la carta	der Brief	☐☐☐☐☐
9 sacar	herausholen, -nehmen	☐☐☐☐☐
creer que	glauben, dass	☐☐☐☐☐
todavía	(immer) noch	☐☐☐☐☐
poner la mesa	den Tisch decken	☐☐☐☐☐

Para tus apuntes

ordenar = organizar

7 Así pasamos nuestro día

visitar	besuchen	☐☐☐☐☐
el foro	das Forum	☐☐☐☐☐
el mundo	die Welt	☐☐☐☐☐
la entrada	der Eintrag, der Eingang, die Eintrittskarte	☐☐☐☐☐

A Un día normal en la vida de Sofia

la vida	das Leben	☐☐☐☐☐
T normal	normal	☐☐☐☐☐
levantarse	aufstehen	☐☐☐☐☐
primero	zuerst, als erstes, erstens	☐☐☐☐☐
pelearse	sich streiten	☐☐☐☐☐
ducharse	duschen	☐☐☐☐☐
antes, antes de	vorher, bevor, vor	☐☐☐☐☐
dormir(se) (o → ue)	(ein)schlafen	☐☐☐☐☐
cepillarse los dientes	sich die Zähne putzen	☐☐☐☐☐
el diente	der Zahn	☐☐☐☐☐

peinarse	sich kämmen	□□□□□
juntos/as	gemeinsam, zusammen	□□□□□
el desayuno	das Frühstück	□□□□□
casi	fast	□□□□□
el pan	das Brot	□□□□□
la mermelada	die Marmelade	□□□□□
las magdalenas	spanisches Gebäck	□□□□□
el chocolate	die Schokolade, der Kakao	□□□□□
preferir (e → ie)	lieber mögen, bevorzugen	□□□□□
la naranja	die Apfelsine, die Orange	□□□□□
la leche	die Milch	□□□□□
el plátano	die Banane	□□□□□
salir	ausgehen, herauskommen	□□□□□
lejos (de)	weit, weit weg (von)	□□□□□
terminar	aufhören, beenden	□□□□□
almorzar (o → ue)	zu Mittag essen	□□□□□
el equipo	das Team, die Mannschaft	□□□□□

	la principal liga	die erste Liga
	profesional	professionell
	el partido	das Spiel, das Match
	importante	wichtig
	el fin de semana	das Wochenende
	acostarse (o → ue)	sich hinlegen
1	el mediodía	der Mittag
	al mediodía	mittags
3	despertarse (e → ie)	aufwachen
	bañarse	baden
	ponerse la ropa	sich anziehen
	la ropa	die Kleidung
4	temprano	früh
6	subir	*hier:* hochladen
	el día laboral	der Werktag
	durante	während
	las vacaciones	die Ferien
9	o	oder
	la encuesta	die Umfrage

B Un fin de semana en familia

T hay que	man muss	☐☐☐☐☐
aprovechar	nutzen, ausnutzen	☐☐☐☐☐
tener hambre	Hunger haben	☐☐☐☐☐
el hambre f.	der Hunger	☐☐☐☐☐
libre	frei	☐☐☐☐☐
sentarse (e → ie)	sich hinsetzen	☐☐☐☐☐
querido/a	lieber/liebe (Anrede im Brief)	☐☐☐☐☐
volar	fliegen	☐☐☐☐☐
disfrutar	genießen	☐☐☐☐☐
traer	bringen, hinbringen	☐☐☐☐☐
el queso	der Käse	☐☐☐☐☐
el jamón	der Schinken	☐☐☐☐☐
el agua f.	das Wasser	☐☐☐☐☐
el agua mineral f.	das Mineralwasser	☐☐☐☐☐
los churros	spanisches frittiertes Spritzgebäck	☐☐☐☐☐
¿Qué lleva la tortilla?	Woraus besteht die Tortilla?	☐☐☐☐☐
tomar	bestellen, nehmen, essen	☐☐☐☐☐

	probar (o → ue)	probieren, versuchen	□□□□□
	el trozo	das Stück	□□□□□
	el huevo	das Ei	□□□□□
	la patata	die Kartoffel	□□□□□
	la cebolla	die Zwiebel	□□□□□
	la sal	das Salz	□□□□□
	el aceite de oliva	das Olivenöl	□□□□□
	rico/a	lecker	□□□□□
	hacer la(s) compra(s)	einkaufen gehen	□□□□□
	el supermercado, el súper	der Supermarkt	□□□□□
	ir de tapas	Tapas essen gehen	□□□□□
	la película de animación	der Zeichentrickfilm	□□□□□
	cocinar	kochen	□□□□□
2	¿Adónde?	Wohin?	□□□□□
	pedir (e → i)	bestellen, bitten	□□□□□
3	el alimento	das Lebensmittel	□□□□□
7	comprar	kaufen	□□□□□
8	perder	verlieren	□□□□□
11	cortar	schneiden	□□□□□
	el tomate	die Tomate	□□□□□

batir (los huevos)	(die Eier) schlagen	☐☐☐☐☐
decir (e → i)	sagen	☐☐☐☐☐
alto/a	*hier:* laut	☐☐☐☐☐
ayudar	helfen	☐☐☐☐☐
12 tostar	toasten	☐☐☐☐☐
la mitad	die Hälfte	☐☐☐☐☐
frotar	(ein)reiben	☐☐☐☐☐
el ajo	der Knoblauch	☐☐☐☐☐
el diente de ajo	die Knoblauchzehe	☐☐☐☐☐

Para tus apuntes

Me peino el pelo.

8 Recorremos nuestro barrio

el barrio	das Stadtviertel	☐☐☐☐☐
el quiosco	der Kiosk	☐☐☐☐☐
el mercado	der Markt	☐☐☐☐☐
el monumento	das Denkmal	☐☐☐☐☐
el puente	die Brücke	☐☐☐☐☐
la iglesia	die Kirche	☐☐☐☐☐

A Triana mola mucho

T	molar mucho	total toll/super sein	☐☐☐☐☐
	antiguo/a	alt, antik	☐☐☐☐☐
	la verdad	die Wahrheit	☐☐☐☐☐
	encantador/a	entzückend, wunderschön	☐☐☐☐☐
	el pueblo	das Dorf	☐☐☐☐☐
	dentro de	in, drinnen, innerhalb	☐☐☐☐☐
	por dentro	von innen	☐☐☐☐☐
	el sitio de interés turístico	die Sehenswürdigkeit	☐☐☐☐☐
	conocer	kennen, kennenlernen	☐☐☐☐☐

pasar por	vorbeischauen in, vorbeigehen an
famoso/a	berühmt
(haber) de todo	alles Mögliche (geben)
el puesto	der Stand
la fruta	das Obst
la verdura	das Gemüse
el pescado	der Fisch
la flor	die Blume
la cerámica	die Keramik
la cerveza	das Bier
mientras	während, währenddessen
el teatro	das Theater
el / la último/a	der / die / das letzte
el pasillo	der Gang
unir	verbinden
encontrarse (en)	sein, sich befinden (in)
el / la turista	der / die Tourist/in
la orilla	das Ufer
el color	die Farbe

	estrecho/a	eng, schmal
	la marcha	das Nachtleben
	el/la sevillano/a	der Sevillaner/ die Sevillanerin
	impresionante	beeindruckend
2	el ayuntamiento	das Rathaus
	la ubicación	die Lage, der Standort
	a pocos metros de …	ein paar Meter entfernt von …
	alrededor de …	um … herum
5	¿Cuál/es?	Welche/r/s?
6	la parte	der Teil
	el significado	die Bedeutung
	elaborar	erstellen, anfertigen
	la red	das Netz
	la posibilidad	die Möglichkeit
	sacar una foto	ein Foto machen
7	el/la vecino/a	der Nachbar/ die Nachbarin
	lamentablemente	bedauerlicherweise
8	traer	*hier:* dabei haben

	preguntar por el camino	nach dem Weg fragen	□□□□□
	(seguir) todo recto	immer geradeaus (gehen)	□□□□□
	girar a la izquierda	nach links abbiegen/gehen	□□□□□
	continuar	*hier:* weitergehen	□□□□□
	el coche	das Auto	□□□□□
	el cruce	die Kreuzung	□□□□□
	cruzar	kreuzen, überqueren	□□□□□
	estar perdido/a	verloren sein, nicht mehr mitkommen	□□□□□
	el autobús	der Bus	□□□□□
	la parada	die Haltestelle	□□□□□
	¡de nada!	bitte sehr!, gern geschehen!	□□□□□
	perfecto/a	perfekt	□□□□□
9	la Oficina de Correos	das Postamt, die Post	□□□□□
	la estación	der Bahnhof	□□□□□
10	el avión	das Flugzeug	□□□□□
	la bicicleta, la bici	das Fahrrad	□□□□□
	el metro	die S-Bahn	□□□□□
	el tren	der Zug	□□□□□

el pie	der Fuß	☐☐☐☐☐
a pie	zu Fuß	☐☐☐☐☐
el caballo	das Pferd	☐☐☐☐☐

B ¿Qué me pongo?

1

el vestido	das Kleid	☐☐☐☐☐
rojo/a	rot	☐☐☐☐☐
las zapatillas	die Turnschuhe	☐☐☐☐☐
la blusa	die Bluse	☐☐☐☐☐
los vaqueros	die Jeans	☐☐☐☐☐
blanco/a	weiß	☐☐☐☐☐
la falda	der Rock	☐☐☐☐☐
los pantalones	die Hose	☐☐☐☐☐
el jersey	der Pullover, das Sweatshirt	☐☐☐☐☐
la camiseta	das T-Shirt	☐☐☐☐☐
la gorra	die Mütze	☐☐☐☐☐
la chaqueta	die Jacke	☐☐☐☐☐
negro/a	schwarz	☐☐☐☐☐
la camisa	das Hemd	☐☐☐☐☐
de deporte	Sport-	☐☐☐☐☐
llevar	tragen, anhaben	☐☐☐☐☐

	cómodo/a	bequem
2	la maleta	der Koffer
3	por ejemplo	zum Beispiel
	elegante	elegant
	cómodo/a	bequem
	deportivo/a	sportlich
	formal	formell, schick
	moderno/a	modern
	feo/a	hässlich
	sencillo/a	einfach, schlicht
4	oscuro/a	dunkel
	un montón (de)	viele, eine Menge (von)
	claro/a	hell
	amarillo	gelb
	blanco	weiß
	negro	schwarz
	rojo	rot
	verde	grün
	marrón	braun
	azul	blau
	gris	grau

naranja	orange	☐☐☐☐☐
violeta	violett	☐☐☐☐☐
rosa	rosa	☐☐☐☐☐
lila	lila	☐☐☐☐☐
T el mercadillo	der Flohmarkt	☐☐☐☐☐
aquel/aquella	jener dort/jene dort	☐☐☐☐☐
el vendedor/la vendedora	der Verkäufer/ die Verkäuferin	☐☐☐☐☐
costar (o → ue)	kosten	☐☐☐☐☐
ese/esa	dieser da/diese da	☐☐☐☐☐
probarse (o → ue)	anprobieren	☐☐☐☐☐
la talla	die Kleidergröße	☐☐☐☐☐
el probador	die Umkleidekabine	☐☐☐☐☐
demasiado	zu, zu viel, zu sehr	☐☐☐☐☐
echarle la bronca a alguien	böse mit jemandem sein	☐☐☐☐☐
quedarle bien a alguien	jemandem gut stehen	☐☐☐☐☐
súper	sehr, total	☐☐☐☐☐
ir bien con	gut passen zu	☐☐☐☐☐
barato/a	billig, günstig	☐☐☐☐☐

8	el/la cliente	der Kunde/ die Kundin	□□□□□
9	ancho/a	weit	□□□□□
	horrible	schrecklich	□□□□□

Para tus apuntes

encantar · encantador = muy bonito

9 Nos vamos de vacaciones

facultativo

hacer buen / mal tiempo	gutes / schlechtes Wetter sein
el calor	die Wärme, die Hitze
el frío	die Kälte
el viento	der Wind
hacer … grados (bajo cero)	… Grad (unter Null) sein
nublado/a	wolkig, bewölkt
la nube	die Wolke
nevar (e → ie)	schneien
la nieve	der Schnee
llover (o → ue)	regnen
la lluvia	der Regen
el hielo	das Eis, die Glätte
la tormenta	der Sturm

A ¿Adónde ir el fin de semana?

T próximo/a	nächste/r/s
sobre	über

¡Qué mala suerte!	Was für ein Pech!	□□□□□
parecer (que)	scheinen, erscheinen	□□□□□
tomar el sol	sich sonnen	□□□□□
ni loco	niemals, nicht im Traum	□□□□□
el vuelo	der Flug	□□□□□
el clásico	Fußballspiel zwischen Real Madrid und FC Barcelona	□□□□□
proponer	vorschlagen	□□□□□
la caminata	die Wanderung	□□□□□
el hostal	das Hostel, die Herberge	□□□□□
acampar	zelten	□□□□□
contar (o → ue)	zählen, erzählen	□□□□□
el cuento (de terror)	die (Horror-) Geschichte	□□□□□
la montaña	der Berg	□□□□□
la naturaleza	die Natur	□□□□□
difícil	schwer, schwierig	□□□□□
el museo	das Museum	□□□□□
el pronóstico (del tiempo)	die (Wetter-) Vorhersage	□□□□□

rápido/a	schnell	□□□□□
llevar	*hier:* bringen	□□□□□
el paisaje	die Landschaft	□□□□□
el hotel	das Hotel	□□□□□
6 por lo menos	mindestens, wenigstens	□□□□□
8 la primavera	der Frühling	□□□□□
el verano	der Sommer	□□□□□
el otoño	der Herbst	□□□□□
el invierno	der Winter	□□□□□
la siesta	die Siesta, der Mittagsschlaf	□□□□□
viajar	reisen	□□□□□
la estación	die Jahreszeit	□□□□□

B Un fin de semana en Barcelona

T ayer	gestern	□□□□□
caminar	laufen, spazieren	□□□□□
espectacular	spektakulär, toll	□□□□□
más	mehr, noch	□□□□□
compartir	teilen	□□□□□
ganar	gewinnen, siegen	□□□□□

meter	hineintun	☐☐☐☐☐
el gol	das Tor	☐☐☐☐☐
meter un gol	ein Tor schießen	☐☐☐☐☐
el minuto	die Minute	☐☐☐☐☐
quedarse	bleiben	☐☐☐☐☐
a cántaros	wie aus Kübeln	☐☐☐☐☐
el recuerdo	Erinnerung, Andenken	☐☐☐☐☐
hace (… días / años)	vor (… Tagen / Jahren)	☐☐☐☐☐
roncar	schnarchen	☐☐☐☐☐
extrañar	vermissen	☐☐☐☐☐
el hombre	der Mann, der Mensch	☐☐☐☐☐
vender	verkaufen	☐☐☐☐☐
el león	Löwe	☐☐☐☐☐
2 el viaje	die Reise	☐☐☐☐☐
viejo/a	alt	☐☐☐☐☐
el casco antiguo	die Altstadt	☐☐☐☐☐
los dulces	die Süßigkeiten	☐☐☐☐☐
por supuesto	selbstverständlich	☐☐☐☐☐
el tipo	der Typ, die Art	☐☐☐☐☐

el símbolo	das Symbol, das Wahrzeichen	☐☐☐☐☐
inmenso/a	sehr groß, riesig	☐☐☐☐☐
la obra	das (Bau-)Werk	☐☐☐☐☐
construir	bauen, errichten	☐☐☐☐☐
5 **en general**	im Allgemeinen, alles in allem	☐☐☐☐☐

Para tus apuntes

vender ≠ comprar

A

a cántaros wie aus Kübeln (9.B-T)
a coro im Chor (3.A-5)
a la derecha rechts (3.B-T)
a la izquierda links (3.B-T)
a menudo oft (5.A-T)
a pie zu Fuß (8.A-10)
a pocos metros de … ein paar Meter entfernt von … (8.A-2)
¿A qué hora? Um wieviel Uhr? (5.B-T)
a tope maximal, komplett (6.B-T)
a veces manchmal (4.B-T)
a ver mal sehen (3.)
el abrazo Umarmung; herzliche Grüße (1.A-9)
el abril April (6.B-2)
abrir öffnen (3.A-T)
el/la abuelo/a Großvater/mutter, Opa/Oma (1.B-T)
los abuelos Großeltern (1.B-T)
aburrido/a langweilig, gelangweilt (4.B-T)
acampar zelten (9.A-T)
el aceite de oliva Olivenöl (7.B-T)
acostarse sich hinlegen (7.A-T)
la actividad Aktivität, Tätigkeit (3.B-4)
activo/a aktiv (4.A-T)
además außerdem (4.B-T)
¡Adiós! Tschüss! (1.A-T)
¿Adónde? Wohin? (7.B-2)
el agosto August (6.B-2)
el agua Wasser (7.B-T)
el agua mineral Mineralwasser (7.B-T)
ahora jetzt, nun (2.A-T)
el ajo Knoblauch (7.B-12)
al final de am Ende von (3.B-T)
al lado de neben (3.B-T)
al mediodía mittags (7.A-1)
alegre fröhlich (4.B-T)
el alemán Deutsch, die deutsche Sprache (1.A-T)
alemán/alemana deutsch (1.A-T)
Alemania Deutschland (1.A-T)
algo etwas (6.B-T)
el alimento Lebensmittel (7.B-3)
allí dort, da drüben (6.A-T)
almorzar zu Mittag essen (7.A-T)
alrededor de … um … herum (8.A-2)
alto/a groß (Körpergröße) (4.A-T) laut (7.B-11)
el/la alumno/a Schüler/in (3.A-T)
amarillo gelb (8.B-4)
el/la amigo/a Freund/in (1.A-T)
ancho/a weit (8.B-9)
el animal Tier (4.B-T)
el año Jahr (2.A-T)
antes, antes de vorher, bevor, vor (7.A-T)
antiguo/a alt, antik (8.A-T)
aprender a reconocer semillas lernen, Samen zu bestimmen (4.B-1)
aprovechar nutzen, ausnutzen (7.B-T)
aquel/la jene/r dort (8.B-T)
aquí hier (1.A-T)
árabe arabisch (1.B-T)
el árbol Baum (6.A-10)
el armario Schrank (6.A-2)
así so (6.A-T)
así así so lala (1.A-2)
así que also; sodass (5.A-7)

el aspecto físico Aussehen (4.A-7)
el aula Klassenraum (3.A-T)
el aula de música Musikraum, Musiksaal (3.B-7)
el autobús Bus (8.A-8)
el avión Flugzeug (8.A-10)
ayer gestern (9.B-T)
ayudar helfen (7.B-11)
el ayuntamiento Rathaus (8.A-2)
azul blau (8.B-4)

B

bailar tanzen (5.)
bajar abladen; herunterkommen (6.A-T)
bajo/a klein (Körpergröße) (4.A-T)
bajo cero unter Null (9.)
el balcón Balkon (6.A-9)
el baloncesto Basketball (5.)
el balonmano Handball (5.)
bañarse baden (7.A-3)
el baño WC, Toilette (3.B-T)
el bar Bar (1.B-T)
barato/a billig, günstig (8.B-T)
el barrio Stadtviertel (8.) (2.A)
bastante ziemlich (5.A-T)
la batería Schlagzeug (6.B-4)
batir (los huevos) (die Eier) schlagen (7.B-11)
beber trinken (3.A-T)
la bebida Getränk (6.B-T)
la biblioteca Bibliothek (3.B-T) (1.B-2)
la bicicleta, la bici Fahrrad (8.A-10)
bien gut (1.A-T)
¡Bienvenidos/as! Willkommen! (3.)
el/la bisabuelo/a Uropa/Uroma (4.)
blanco/a weiß (8.B-1)
el blog Blog (3.B-T)
la blusa Bluse (8.B-1)
el bocadillo belegtes Brötchen (3.B-T)
la bolera Bowlingbahn (5.)
el boli Kuli (3.)
el bolígrafo Kugelschreiber, Kuli (3.)
el bollo Gebäckstück (3.B-T)
bonito/a schön, hübsch (4.A-T)
el borratintas Tintenkiller (3.)
la broma Scherz (5.A-T)
¡Buenas noches! Gute Nacht! (2.A-2)
¡Buenas tardes! Guten Abend! (2.A-2)
bueno also gut, na ja (5.A-T)
bueno/a gut, nett (5.A-T)
¡Buenos días! Guten Tag! (1.A-T)
el buñuelo Windbeutel (3.B-T)
buscar algo / a alguien etwas / jemanden suchen (3.B-T)

C

el caballo Pferd (8.A-10)
la cabra Ziege (4.B-T)
cada jede/r/s (3.B-T)
el café Kaffee, Café (1.B-T)
la caja Kiste, Karton (6.)
la caja de herramientas Werkzeugkasten (3.B-1)
el cajón Schublade (6.A-4)
la calculadora Taschenrechner (3.A-3)
la calle Straße (2.A-T)

el calor Wärme, Hitze (9.)
la cama Bett (5.B-4)
caminar laufen, spazieren (9.B-T)
la caminata Wanderung (9.A-T)
el camión de la mudanza Umzugswagen (6.A-T)
la camisa Hemd (8.B-1)
la camiseta T-Shirt (8.B-1)
el campo Land, Feld (4.B-T)
la canción Lied (5.A-T)
cantar singen (3.B-T)
el carácter Charakter (4.A-7)
¡cariño! mein Schatz!, Liebes! (3.B-6)
cariñoso/a herzlich, liebevoll (4.A-T)
la carpeta Schnellhefter (3.A-3)
la carta Brief (6.B-T)
el cartón Pappe, Karton (6.B-T)
la casa Haus (2.A-T)
el casco antiguo Altstadt (9.B-2)
casi fast (7.A-T)
castaño/a braun (Haare) (4.A-6)
catorce vierzehn (2.A-T)
la cebolla Zwiebel (7.B-T)
celebrar feiern (6.B-1) (4.A-10)
cenar zu Abend essen (2.A-T)
el centro Zentrum (1.B-T)
cepillarse los dientes sich die Zähne putzen (7.A-T)
la cerámica Keramik (8.A-T)
cerca nah (6.A-T)
cerca de in der Nähe von (3.A-T)
el cerdo Schwein (4.B-T)
¡Cerrad …! Schließt …! (3.A-5)
la cerveza Bier (8.A-T)
la chaqueta Jacke (8.B-1)
charlar reden, sich unterhalten (5.A-T)
chatear chatten (5.)
checo tschechisch (2.A-6)
el/la chico/a Junge/Mädchen (1.A-T)
el chocolate Schokolade, Kakao (7.A-T) (1.B-T)
la chuleta Spickzettel (3.B-10)
chulo/a cool, toll (2.A-T)
los churros spanisches frittiertes Spritzgebäck (7.B-T)
el ciclismo Radsport (5.)
cinco fünf (2.A-T)
el cine Kino (5.)
la ciudad Stadt (4.B-T)
claro na klar (1.A-T)
claro/a hell (8.B-4)
la clase Klasse, Unterricht (3.A-T)
el clásico Fußballspiel zwischen Real Madrid und FC Barcelona (9.A-T)
el/la cliente Kunde/Kundin (8.B-8)
el coche Auto (8.A-8)
la cocina Küche (6.A-8)
cocinar kochen (7.B-T)
el colegio, el cole Schule (2.A-T)
el color Farbe (8.A-T)
el comedor Schulcafeteria (3.B-T) Esszimmer (6.A-8)
comer essen (3.B-T)
la comida Essen (6.B-T)
¿Cómo? Wie? (1.A-T)
como wie (4.A-T) (3.B-T)
¿Cómo se dice …? Wie sagt man …? Was bedeutet …? (3.A-T)
¿Cómo te llamas? Wie heißt du? (1.A-T)
cómodo/a bequem (8.B-3) (8.B-1)

el/la compañero/a Mitschüler/in (3.B-T)
el compadre Freund, Kumpel (4.A-8)
compartir teilen (9.B-T)
complicado/a schwierig, kompliziert (4.B-T)
la compra Einkauf (5.B-5)
comprar kaufen (7.B-7) (4.B-3)
con mit (1.B-T)
con atención aufmerksam (3.A-4)
el concierto Konzert (5.B-4)
el conejillo de Indias Meerschweinchen (4.B-T)
el conejo Kaninchen (4.B-T)
conmigo mit mir (5.B-T)
conocer kennen, kennenlernen (8.A-T)
la consola Spielkonsole (5.)
construir bauen, errichten (9.B-2)
contar zählen, erzählen (9.A-T)
contigo mit dir (5.B-T)
continuar weitergehen (8.A-8)
la correa (del perro) Leine, Hundeleine (6.A-T)
el correo (electrónico) E-Mail (4.A-4)
cortar schneiden (7.B-11)
corto/a kurz (4.A-6)
la cosa Sache (3.)
costar kosten (8.B-T)
creer que glauben, dass (6.B-9)
creo que … ich glaube, (dass) … (4.A-6)
el cruce Kreuzung (8.A-8)
cruzar kreuzen, überqueren (8.A-8)
el cuaderno Heft (3.)
el cuadro Bild (6.A-2)
¿Cuál/es? Welche/r/s? (8.A-5)
¿Cuándo? Wann? (5.B-T)
¿Cuántos/as? Wie viele? (2.A-T)
¿Cuántos años tienes? Wie alt bist du? (2.A-T)
el cuarto Zimmer, Raum (6.A-T)
el cuarto de baño WC, Toilette (3.B-T) Badezimmer (6.A-8)
cuatro vier (2.A-T)
el cuento (de terror) (Horror-) Geschichte (9.A-T)
¡Cuidado! Achtung!, Vorsicht!, Pass auf! (5.A-T)
el cumpleaños, el cumple Geburtstag (4.A-T)

D

dar una vuelta por einen Rundgang machen durch (3.B-T)
de von, aus (1.B-T)
de deporte Sport- (8.B-1)
¿De dónde? Woher? (1.A-3)
¡de nada! bitte sehr!, gern geschehen! (8.A-8)
¿De parte de quién? Wer spricht? (5.B-T)
¿De quiénes son? Von wem sind sie? (4.A-T)
de todo alles Mögliche (8.A-T)
debajo de unter (6.)
los deberes Hausaufgaben (3.A-T)
decir sagen (7.B-11)
la decoración Dekoration (6.B-T)

delante de vor (6.)
delgado/a schlank (4.A-T)
demasiado zu, zu viel, zu sehr (8.B-T)
dentro de in, innen, innerhalb (8.A-T)
el deporte Sport (5.)
deportivo/a sportlich (8.B-3)
la derecha die rechte Seite (3.B-T)
desayunar frühstücken (6.A-T)
el desayuno Frühstück (7.A-T)
descansar sich ausruhen (5.)
describir beschreiben (4.A-7)
desde von, aus (4.B-13)
despertarse aufwachen (7.A-3)
después (de) danach, nach, nachdem (3.A-T)
detrás de hinter (6.)
el día Tag (3.)
el día laboral Werktag (7.A-6)
el dibujo Zeichnung (4.B-8)
el diciembre Dezember (6.B-2)
diecinueve neunzehn (2.A-T)
dieciocho achtzehn (2.A-T)
dieciséis sechzehn (2.A-T)
diecisiete siebzehn (2.A-T)
el diente Zahn (7.A-T)
el diente de ajo Knoblauchzehe (7.B-12)
diez zehn (2.A-T)
diferente anders, verschieden (4.B-T)
difícil schwer, schwierig (9.A-T)
¿Diga? Ja, bitte? (5.B-T)
la dirección Adresse (6.B-1) (4.B-8)
disfrutar genießen (7.B-T)
divertido/a lustig (4.A-T)
doce zwölf (2.A-T)
el domingo Sonntag (5.B-T)
¿Dónde? Wo? (3.A-T)
dormir(se) (ein)schlafen (7.A-T)
el dormitorio Schlafzimmer (6.A-8)
dos zwei (1.B-T)
ducharse duschen (7.A-T)
dulce süß (4.A-T)
los dulces Süßigkeiten (9.B-2)
durante während (7.A-6)

E

echarle la bronca a alguien böse mit jemandem sein (8.B-T)
la edad Alter (4.B-8)
la educación física Sport(-Unterricht) (4.A-10)
el ejercicio Übung, Aufgabe (3.A-5)
él/ella es er/sie ist (1.A-T)
él/ella se llama er/sie heißt (2.B-T) (2.A-4)
elaborar erstellen, anfertigen (8.A-6)
elegante elegant (8.B-3)
ellos hacen sie machen (4.B-11)
ellos/ellas se llaman sie heißen (2.B-4)
ellos ven sie sehen (4.B-T)
empezar anfangen, beginnen (3.A-T)
el empollón Streber (3.B-10)
en in (1.A-T)
en casa zu Hause (2.A-T)
en general im Allgemeinen, alles in allem (9.B-5)
encantador/a entzückend, wunderschön (8.A-T)

encantarle a alguien jemanden entzücken, jemandem sehr gefallen (5.A-T)
encima de über, auf (6.)
encontrar finden (5.B-T)
encontrarse (en) sein, sich befinden (in) (8.A-T)
la encuesta Umfrage (7.A-6)
el enero Januar (6.B-2)
enfrente de gegenüber (6.)
en pareja in Partnerarbeit (3.A-4)
enseñar zeigen (6.A-5)
entender verstehen (5.B-T)
entonces also, dann (2.A-T)
la entrada Eintrag, Eingang, Eintrittskarte (7.)
entrar eintreten, betreten (3.A-T)
entre zwischen (6.)
el equipo Team, Mannschaft (7.A-T) (4.A-T)
eres du bist (1.A-T)
es er/sie ist (1.A-T)
Es que … Es ist so, dass … (2.A-T)
¡Es una lástima! Das ist wirklich schade! (6.B-5)
escribir schreiben (3.A-T)
el escritorio Schreibtisch (6.A-T)
escuchar hören, zuhören (3.A-4)
ese/a diese/r da (8.B-T)
España Spanien (1.A-T)
el español Spanisch (2.A-T)
español/a spanisch (2.A-T)
el/la español/a Spanier/in (2.A-T)
espectacular spektakulär, toll (9.B-T)
esperar a alguien warten auf jemanden (3.B-T)
la esponja Schwamm (3.A-3)
la estación Jahreszeit (9.A-8) Bahnhof (8.A-9)
la estantería Regal (6.A-T)
estar sein, sich befinden (3.B-T) (3.A-T)
estar de visita zu Besuch sein (5.B-T)
estar perdido/a verloren sein, nicht mehr mitkommen (8.A-8)
este/a diese/r (1.B-T)
estos/as son … das hier sind … (2.B-T)
estrecho/a eng, schmal (8.A-T)
el estuche Mäppchen (3.)
estudiar lernen, studieren (4.B-11)
la excursión Ausflug, Exkursion (5.B-4)
extrañar vermissen (9.B-T)

F

la falda Rock (8.B-1)
faltar fehlen (6.B-T) (3.B-7)
la familia Familie (1.A-T)
el/la familiar der/die Verwandte (4.A-8)
famoso/a berühmt (8.A-T)
favorito/a Lieblings- (4.A-T)
el febrero Februar (6.B-2)
la fecha Datum (6.B-2)
feo/a hässlich (8.B-3)
la ficha personal Steckbrief (4.B-8)
la fiesta Fest, Feier (4.A-T)

el fin de semana Wochenende (7.A-T) (5.B)
el flamenco Flamenco (1.A-T)
la flor Blume (8.A-T)
formal formell, schick (8.B-3)
el foro Forum (7.)
la fotografía, la foto Foto (4.A-T)
francés französisch (2.A-6)
la frase Satz (3.A-5)
el frío Kälte (9.)
frotar (ein)reiben (7.B-12)
la fruta Obst (8.A-T)
el fútbol Fußball (1.A-T)

G

la galleta Keks (3.B-10)
la gallina Huhn, Henne (4.B-T)
ganar gewinnen, siegen (9.B-T)
el garaje Garage (6.A-9)
el/la gato/a Kater/Katze (2.B-T)
genial genial, toll (4.A-T)
la gente Leute (4.A-T)
el gimnasio Sporthalle, Fitnessstudio (3.B-T)
girar a la izquierda nach links abbiegen/gehen (8.A-8)
el globo (Luft-)Ballon (6.B-T)
el gol Tor (9.B-T)
la goma de borrar Radiergummi (3.)
las gomitas Gummibärchen (6.B-T)
gordito/a mollig (4.A-T)
la gorra Mütze (8.B-1)
grabar aufnehmen, filmen (3.B-T)
gracias danke (2.A-T)
gracioso/a lustig (4.B-T)
grande groß (4.A-T)
la granja Bauernhof (4.B-T)
gris grau (8.B-4) (4.A-T)
el grupo Gruppe (3.B-T)
el grupo (musical) Gruppe, Musikgruppe (3.B-T)
guapo/a hübsch, gutaussehend (4.A-T)
guay toll, super (2.A-T)
la guitarra Gitarre (5.) (1.B-2)
los gusanitos Erdnussflips (6.B-T)
gustarle a alguien jemandem gefallen (5.)

H

(haber) de todo alles Mögliche (geben) (8.A-T)
haber lugar Platz haben (6.A-T)
la habitación Zimmer, Raum (4.A-T)
el/la habitante der/die Einwohner/in (4.A-14)
hablar sprechen, reden (2.A-T)
hablar por teléfono telefonieren (5.)
hace (… días/años) vor (… Tagen/Jahren) (9.B-T)
¡Haced …! Macht …! (3.A-5)
hacer machen, tun (5.)
hacer buen/mal tiempo gutes/schlechtes Wetter sein (9.)
hacer … grados (bajo cero) … Grad (unter Null) sein (9.)
hacer la(s) compra(s) einkaufen gehen (7.B-T)
el hambre Hunger (7.B-T) (3.B-T)
hasta bis (6.A-T)
¡Hasta la vista! Auf Wiedersehen! (1.A-T)

¡Hasta luego! Bis später! (1.A-9)
¡Hasta mañana! Bis morgen! (2.A-T)
¡Hasta pronto! Bis bald! (3.)
hay es gibt, es befindet/n sich (3.A-T)
hay lugar es gibt Platz, da ist Platz (6.A-T)
hay que man muss (7.B-T)
la heladería Eiscafé (1.B-T)
el helado Eis (1.A-T)
el/la hermano/a Bruder/Schwester (2.A-T)
el/la hermano/a por parte de la madre/del padre Halbbruder/Halbschwester (4.)
los hermanos Geschwister (2.A-T)
el hielo Eis, Glätte (9.)
el/la hijo/a Sohn/Tochter (4.)
¡Hola! Hallo! (1.A-T)
el hombre Mann, Mensch (9.B-T)
la hora Stunde, Uhrzeit (5.B-T)
horrible schrecklich (8.B-9)
el hostal Hostel, Herberge (9.A-T)
el hotel Hotel (9.A-T)
hoy heute (3.A-T)
la huerta Obst- und Gemüsegarten (4.B-1)
el huevo Ei (7.B-T)

I

la idea Idee (4.B-T)
el idioma Sprache (2.A-6)
la iglesia Kirche (8.)
la imagen Bild (3.B-7)
importante wichtig (7.A-T) (4.A-13)
impresionante beeindruckend (8.A-T)
la informática Informatik (3.B-T)
inglés englisch (2.A-6)
inmenso/a sehr groß, riesig (9.B-2)
el instituto, el insti (weiterführende) Schule (3.B-T)
el instrumento Instrument (5.)
interesante interessant (4.B-T)
el invierno Winter (9.A-8)
la invitación Einladung (6.B-1)
el/la invitado/a Gast (6.B-1)
invitar einladen (6.B-1)
ir gehen (5.)
ir bien con gut passen zu (8.B-T)
ir de compras shoppen/einkaufen gehen (5.)
ir de tapas Tapas essen gehen (7.B-T)
italiano italienisch (2.A-6)
ir en monopatín Skateboard fahren (5.)
la izquierda linke Seite (3.B-T)

J

el jamón Schinken (7.B-T)
el jardín Garten (6.A-9)
el jardín zoológico Zoo (4.B-1)
la jaula Käfig (4.B-T)
el jersey Pullover, Sweatshirt (8.B-1)
el jueves Donnerstag (5.B-T)
jugar spielen (Sport und Spiel) (5.)

el julio Juli (6.B-2)
el junio Juni (6.B-2)
juntos/as gemeinsam, zusammen (7.A-T) (4.B-13)

L

el laboratorio Labor (3.B-T)
lamentablemente bedauerlicherweise (8.A-7)
la lámpara Lampe (6.A-T)
el lápiz *(Pl.: los lápices)* Bleistift (3.)
largo/a lang (4.A-6)
la leche Milch (7.A-T)
leer lesen (3.A-T)
lejos (de) weit, weit weg (von) (7.A-T) (6.A-10)
el león Löwe (9.B-T)
levantarse aufstehen (7.A-T)
libre frei (7.B-T)
el libro Buch (3.) (1.B-2)
lila lila (8.B-4)
el lío Durcheinander (6.)
la lista Liste (3.)
la lista de la compra Einkaufsliste (6.B-T)
listo/a schlau, klug (4.A-T)
llamar rufen (5.B-T) nennen (4.A-8)
llamar por teléfono anrufen (5.B-T)
llegar ankommen (6.A-T)
llevar tragen, anhaben (8.B-1) (3.B-12) bringen (9.A-T)
llover regnen (9.)
la lluvia Regen (9.)
Lo siento. Tut mir leid. (5.A-T)
loco/a verrückt (4.B-T)
el lugar Ort, Platz (6.A-T) (4.B-1)
el lunes Montag (5.B-T)

M

la madre Mutter (2.A-T)
las magdalenas spanisches Gebäck (7.A-T)
mal schlecht (1.A-2)
la maleta Koffer (8.B-2)
la mamá Mama (2.A-T)
mañana morgen (2.A-T)
la mañana Morgen (5.B-4)
el mapa (Land-)Karte (3.A-3)
el mar Meer (1.A-T)
la marcha Nachtleben (8.A-T)
el marido de la madre Stiefvater (4.)
marrón braun (8.B-4)
el martes Dienstag (5.B-T)
el marzo März (6.B-2)
más mehr, noch (9.B-T)
más despacio langsamer (3.A-T)
la mascota Haustier (2.B-T) (1.B-2)
el mayo Mai (6.B-2)
me llamo ich heiße (1.A-T)
¿Me puede poner con …? Könnte ich mit … sprechen? (5.B-T)
el mediodía Mittag (7.A-1)
mellizo/a Zwillings- (2.A-T)
el/la mellizo/a Zwilling (2.A-T)
menos cuarto viertel vor (5.B-T)
el mensaje Nachricht (5.B-2) (3.B-6)
el mercadillo Flohmarkt (8.B-T)
el mercado Markt (8.)
la mermelada Marmelade (7.A-T)
el mes Monat (6.B-2)
la mesa Tisch (3.A-3)
la mesilla de noche Nachttisch (6.A-2)
meter hineintun (9.B-T)

meter un gol ein Tor schießen (9.B-T)
el metro S-Bahn (8.A-10)
mi mein/e (2.A-T)
mientras während, währenddessen (8.A-T)
el miércoles Mittwoch (5.B-T)
el minuto Minute (9.B-T)
¡Mira! Schau mal! (1.B-T)
mirar schauen, sehen (3.)
mismo/a gleich, identisch (5.A-5)
la mitad Hälfte (7.B-12)
la mochila Rucksack, Schulranzen (3.)
moderno/a modern (8.B-3)
mola mucho das ist total toll/super (5.B-6)
molar mucho total toll/super sein (8.A-T)
el momento Moment (2.A-T)
la montaña Berg (9.A-T)
montar a caballo reiten (5.)
montar en bici Rad fahren (5.)
montar skateboard Skateboard fahren (5.)
el monumento Denkmal (8.)
moreno/a braunhaarig (4.A-T)
el móvil Handy (3.B-T)
muchas veces oft (4.B-13)
mucho viel, sehr (3.B-T)
mucho/a/os/as viel, viele (4.A-T)
el mueble Möbelstück (6.A-T)
la mujer Frau (4.A-T)
la mujer del padre Stiefmutter (4.)
el mundo Welt (7.)
el museo Museum (9.A-T) (1.B-2)
la música Musik (1.A-T)
muy sehr (1.A-T)

N

nada nichts, gar nicht (5.A-T)
nada de eso nichts davon; nichts da (6.A-T)
nadar schwimmen (5.)
la naranja Apfelsine, Orange (7.A-T)
naranja orange (8.B-4)
la naturaleza Natur (9.A-T)
necesitar benötigen, brauchen (3.)
negro/a schwarz (8.B-1)
nervioso/a nervös, aufgeregt (6.A-T)
nevar schneien (9.)
ni loco niemals, nicht im Traum (9.A-T)
el/la nieto/a Enkel/in (4.)
la nieve Schnee (9.)
no nein, nicht, kein/e (2.A-T)
No entiendo. Ich verstehe nicht. (1.A-T)
No pasa nada. Das macht doch nichts. (5.A-T)
la noche Nacht (5.B-4)
el nombre Name (5.B-T)
normal normal (7.A-T)
normalmente normalerweise (5.A-7)
¡Nos vemos! Wir sehen uns! (5.B-T)
nosotros/as wir (2.A-5)
el noviembre November (6.B-2)
el/la novio/a feste/r Freund/in (4.)

la nube Wolke (9.)
nublado/a wolkig, bewölkt (9.)
nuestro/a unser/e (3.B-T) (2.B)
nueve neun (2.A-T)
nuevo/a neu (4.A-4) (2.A)
nunca nie (5.A-T) (3.A-T)

O

o oder (7.A-6)
la obra (Bau-)Werk (9.B-2)
ocho acht (2.A-T)
el octubre Oktober (6.B-2)
la Oficina de Correos Postamt, Post (8.A-9)
¡Ojo! Vorsicht!, Aufgepasst! (1.B-2)
once elf (2.A-T)
ordenado/a aufgeräumt (6.A-7)
el ordenador Computer (3.B-T)
ordenar aufräumen, ordnen (6.A-T)
organizar organisieren, einrichten (6.A-T)
la orilla Ufer (8.A-T)
oscuro/a dunkel (8.B-4)
el otoño Herbst (9.A-8)
otra vez noch einmal (3.A-T)
otro/a ein/e andere/r/s (4.A-T)
la oveja Schaf (4.B-T)
¡Oye! Hör mal! (3.B-T)

P

el padre Vater (2.A-T)
los padres Eltern (2.A-T)
la página Seite (3.A-T)
el paisaje Landschaft (9.A-T)
el pájaro Vogel (6.A-10)
la palabra Wort (3.A-T)
las palomitas Popcorn (6.B-T)
el pan Brot (7.A-T)
los pantalones Hose (8.B-1)
el papá Papa (2.A-T)
la papelera Papierkorb (3.A-3)
para (mí/ti) für (mich/dich) (1.A-T)
la parada Haltestelle (8.A-8)
parecer (que) scheinen, erscheinen (9.A-T)
la pared Wand (3.A-3)
el parque Park (1.B-T)
la parte Teil (9.B-2) (8.B-6)
el partido Spiel, Match (7.A-T)
la pasada Hit, Wahnsinn (5.A-T)
pasar verbringen, los sein, passieren (4.B-T)
pasar por vorbeischauen in, vorbeigehen an (8.A-T)
pasear spazieren gehen (5.B-5)
pasear a alguien jemanden spazieren führen, ausführen (5.B-5)
el paseo Spaziergang (1.B)
el pasillo Gang (8.A-T)
la patata Kartoffel (7.B-T)
el patio Schulhof, Innenhof (3.B-T)
el pavo Truthahn (4.B-T)
pedir bestellen, bitten (7.B-2)
peinarse sich kämmen (7.A-T)
pelearse sich streiten (7.A-T)
la película, la peli Film (5.A-2)
la película de animación Zeichentrickfilm (7.B-T)
el pelo Haar/e, Fell (4.A-T)
el pelo liso/rizado glattes/krauses/lockiges Haar (4.A-6)

pequeño/a klein (4.A-T)
perder verlieren (7.B-8)
¡Perdón! Entschuldigung! (3.A-T)
perfecto/a perfekt (8.A-8)
el periquito Wellensittich (2.B-T)
pero aber (2.A-T)
el/la perro/a Hund (2.A-T)/Hündin (2.B-T)
la persona Person (4.A-T) (3.B-4)
pesado/a nervig (4.A-4)
el pescado Fisch (8.A-T)
el pez *(Pl: los peces)* Fisch (2.B-T)
picar naschen (6.B-T)
el pie Fuß (8.A-10)
el/la piloto Pilot/in (2.A-T)
la pizarra Tafel (3.A-T)
el plátano Banane (7.A-T)
el plato Teller (6.B-T)
la playa Strand (1.A-T)
la plaza Platz (1.B-T)
la pluma Füller (3.)
pobre arm (4.B-T)
poco/a/os/as kaum, wenig/e (4.A-T)
poder können (5.B-T)
el polideportivo Sportanlage (5.)
polaco polnisch (2.A-6)
poner verbinden; zeigen (5.B-T) setzen, stellen, legen (6.A-T)
poner la mesa den Tisch decken (6.B-9)
ponerse la ropa sich anziehen (7.A-3)
por durch (1.B)
por aquí cerca hier in der Nähe (6.A-T)
por dentro von innen (8.A-T)
por ejemplo zum Beispiel (8.B-3)
por eso deshalb, deswegen (9.B-2)
por favor bitte (1.B-T)
por fin endlich (3.B-T)
por internet im/über das Internet (4.A-T)
por la tarde nachmittags (5.B-T)
por lo menos mindestens, wenigstens (9.A-6)
¿Por qué? Warum?, Weshalb? (4.B-T)
por suerte zum Glück (6.B-T)
por supuesto selbstverständlich (9.B-2)
porque weil (4.B-T) (2A-6)
el portalápices Stiftehalter (6.A-7)
el portero automático Gegensprechanlage (5.B-T)
portugués portugiesisch (2.A-6)
la posibilidad Möglichkeit (8.A-6)
el póster Poster (6.A-4)
preferir lieber mögen, bevorzugen (7.A-T)
la pregunta Frage (3.A-T)
preguntar fragen (3.A-4)
preguntar por el camino nach dem Weg fragen (8.A-8)
preparar vorbereiten (6.B-T)
presentar präsentieren, vorstellen (6.B-1)
la primavera Frühling (9.A-8)
primer/o/a der/die/das erste (3.)
primero zuerst, als erstes, erstens (7.A-T) (5.B-2)

el/la primo/a Cousin/e (4.)
la principal liga erste Liga (7.A-T)
el probador Umkleidekabine (8.B-T)
probar probieren, versuchen (7.B-T)
probarse anprobieren (8.B-T)
el/la profe Lehrer/in (3.A-T)
profesional professionell (7.A-T)
el/la profesor/a Lehrer/in (3.A-T)
el pronóstico (del tiempo) (Wetter-) Vorhersage (9.A-T)
pronto bald, schnell (3.)
propio/a eigen (6.)
proponer vorschlagen (9.A-T)
próximo/a nächste/r/s (9.A-T)
el pueblo Dorf (8.A-T)
el puente Brücke (8.)
la puerta Tür (3.A-3)
pues also, nun ja (2.A-T)
el puesto Stand (8.A-T)
puntual pünktlich (6.A-T)

Q

que der, die, das (Relativpronomen) (4.A-T)
¿Qué? Was? Welche/r/s? (1.A-T)
¡Qué + ...! Wie ...!, Was für ein/e ...! (2.A-T)
¡Qué bonito/a! Wie schön! (1.B-T)
¡Qué calor! Was für eine Hitze! (3.A-T)
¡Qué casualidad! Was für ein Zufall! (6.B-T)
¡Qué emoción! Wie schön! (6.B-T)
¿Qué hora es? Wie spät ist es? (5.B-4)
¡Qué lío! Was für ein Durcheinander! (3.B-11)
¿Qué lleva la tortilla? Woraus besteht die Tortilla? (7.B-T)
¡Qué mala suerte! Was für ein Pech! (9.A-T)
¿Qué más? Was noch? (3.B-T)
¡Qué pena! Wie schade! (6.B-5)
¡Qué suerte! Was für ein Glück! (6.B-T)
¿Qué tal? Wie geht's? (1.A-T) Wie steht's/Wie wär's mit ...? (4.B-T)
¡Qué va! Ach was!, Blödsinn! (3.B-T)
quedar (con alguien) sich (mit jemandem) verabreden/ treffen (5.)
quedarle bien a alguien jemandem gut stehen (8.B-T)
quedarse bleiben (9.B-T)
querer wollen, lieben (5.B-T)
querido/a liebe/r (7.B-T)
el queso Käse (7.B-T)
¿Quién/es? Wer? (4.A-T)
quince fünfzehn (2.A-T)
el quiosco Kiosk (8.)

R

rápido/a schnell (9.A-T)
el rato Weile (6.A-T)
el ratón Maus (4.B-T)
reaccionar reagieren (3.A-5)
el recibidor Diele, Eingangsbereich (6.A-8)
el recreo Pause (3.B-T)
el recuerdo Erinnerung, Andenken (9.B-T)
la red Netz (8.A-6)
regular mittelmäßig (1.A-2)
¡Repetid ...! Wiederholt ...! (3.A-5)

el restaurante Restaurant (1.B-T)
el resto Rest (6.A-7)
revisar überprüfen, nachsehen (3.A-T)
la revista Zeitschrift (6.A-4)
rico/a lecker (7.B-T)
el río Fluss (1.B-T)
rojo/a rot (8.B-1)
roncar schnarchen (9.B-T)
la ropa Kleidung (7.A-3)
rosa rosa (8.B-4)
rubio/a blond (4.A-T)
ruso russisch (2.A-6)

S

el sábado Samstag (5.B-T)
saber wissen (4.B-4)
¡Sacad …! Nehmt … heraus! (3.A-5)
el sacapuntas Anspitzer (3.A-3)
sacar herausholen, -nehmen (6.B-9)
sacar una foto ein Foto machen (8.A-6)
la sal Salz (7.B-T)
salir ausgehen, herauskommen (7.A-T)
el salón Wohnzimmer (6.A-8)
el saludo Gruß (4.B-13)
seguro/a sicher (6.B-5)
se llama er/sie heißt (2.B-T)
se llaman sie heißen (2.B-4)
seguir todo recto immer geradeaus gehen (8.A-8)
seis sechs (2.A-T)
la semana Woche (5.B)
sencillo/a einfach, schlicht (8.B-3)
sentarse sich hinsetzen (7.B-T)
el septiembre September (6.B-2)
ser sein (2.B-T)
el/la sevillano/a Sevillaner/in (8.A-T)
sí ja (1.A-T)
si wenn, falls, ob (5.B-T)
siempre immer (5.A-T) (3.A-4)
la siesta Siesta, Mittagsschlaf (9.A-8)
siete sieben (2.A-T)
el significado Bedeutung (8.A-6)
el silencio Stille, Ruhe (3.A-T)
la silla Stuhl (3.A-3)
el sillón Sessel (6.A-2)
el símbolo Symbol, Wahrzeichen (9.B-2)
simpático/a sympathisch, liebenswert, nett (4.A-T)
el sitio de interés turístico Sehenwürdigkeit (8.A-T)
sobre über (9.A-T)
sobre todo vor allem (5.A-T)
el sofá Sofa (6.A-2)
el sol Sonne (1.A-T)
solo nur (4.A-T)
solo/a allein, einsam (4.B-T)
somos de … wir sind aus … (1.A-T)
son sie sind (2.B-T)
su sein/e, ihr/e (3.A-3)
subir hochstellen, erhöhen (6.B-T) hochladen (7.A-6)
el suelo Boden (3.A-3)
la suerte Glück (6.B-T)
súper sehr, total (8.B-T)
el supermercado, el súper Supermarkt (7.B-T)

T

tal vez vielleicht (4.B-T)
la talla Kleidergröße (8.B-T)
también auch (1.A-T)
tampoco auch nicht (4.B-T)
las tapas Häppchen, Tapas (1.A-T)
la tarde Nachmittag (5.B-T)
el taxi Taxi (1.A-T)
el/la taxista Taxifahrer/in (1.A-T)
el teatro Theater (8.A-T)
el techo Dach (6.A-10)
el teléfono Telefon (5.)
la televisión, la tele Fernsehen (5.)
el televisor Fernseher (6.A-2)
temprano früh (7.A-4)
tener haben (2.A-T)
tener ganas de hacer algo Lust haben, etwas zu tun (5.A-T)
tener hambre Hunger haben (7.B-T)
tener que müssen (6.A-T)
tener que ir al baño auf Toilette gehen müssen (3.B-T)
tener razón Recht haben (4.B-T)
terminar aufhören, beenden (7.A-T)
la terraza Terrasse (6.A-9)
el texto Text (3.A-T)
el tiempo Zeit (4.B-11)
la tienda Geschäft, Laden (6.A-T)
el/la tío/a Onkel/Tante (4.)
el tipo Typ, Art (9.B-2)
la tiza Kreide (3.A-3)
tocar spielen (Instrument), anfassen (5.)
tocar el timbre an der Tür klingeln, läuten (5.B-T)
todavía (immer) noch (6.B-9) (3.B-6)
todo alles (6.A-T)
todo el/toda la der/die ganze (6.A-T) (4.A-T)
todo recto geradeaus (8.A-8)
todos alle (4.A-T)
todos/as mis/tus alle meine/deine (6.A-T)
todos los días jeden Tag (5.A-7)
tomar bestellen, nehmen, essen (7.B-T)
tomar el sol sich sonnen (9.A-T)
el tomate Tomate (7.B-11)
la tormenta Sturm (9.)
la torre Turm (1.B-T)
la tortilla Tortilla (3.B-T)
tostar toasten (7.B-12)
trabajar arbeiten (2.A-T)
el trabajo Arbeit (4.B-T)
el trabalenguas Zungenbrecher (1.A-8)
traer (hin)bringen (7.B-T) dabei haben (8.A-8)
tranquilo/a ruhig (4.A-T)
trece dreizehn (2.A-T)
el tren Zug (8.A-10)
tres drei (2.A-T)
triste traurig (4.B-T)
el trozo Stück (7.B-T)
tu dein/e (3.A-T)
tú du (1.A-T)
tú eres du bist (1.A-T)
tú ves du siehst (4.A-14)
turco türkisch (2.A-6)
el/la turista der/die Tourist/in (8.A-T) (1.A-T)

U

la ubicación Lage, Standort (8.A-2)
el/la último/a der/die/das letzte (8.A-T)
un/a ein/e (2.A-T) (1.B)
un montón (de) viele, eine Menge (von) (8.B-4)
un poco (de) ein bisschen (von) (2.A-T)
unir verbinden (8.A-T)
uno eins (2.A-T)
usar benutzen (3.B-T)
usted/es Sie (Höflichkeitsform) (2.A-5)

V

las vacaciones Ferien (7.A-6)
la vainilla Vanille (1.B-T)
vale okay, einverstanden (1.A-T)
¡Vamos! Los geht's! (1.B-T)
los vaqueros Jeans (8.B-1)
el vaso Glas (6.B-T)
el/la vecino/a Nachbar/in (8.A-7)
veinte zwanzig (2.A-T)
el/la vendedor/a Verkäufer/in (8.B-T)
vender verkaufen (9.B-T)
venir kommen (6.B-1)
la ventana Fenster (3.A-T)
ver sehen (5.)
el verano Sommer (9.A-8)
la verdad Wahrheit (8.A-T)
¿verdad? nicht wahr? (1.A-T)
verde grün (8.B-4)
la verdura Gemüse (8.A-T)
el vestido Kleid (8.B-1)
viajar reisen (9.A-8)
el viaje Reise (9.B-2)
la vida Leben (7.A) (4.A-10)
el vídeo Video (3.B-T)
el videojuego Videospiel (6.A-T)
viejo/a alt (9.B-2)
el viento Wind (9.)
el viernes Freitag (5.B-T)
violeta violett (8.B-4)
el violín Geige, Violine (5.A-T)
la visita Besuch (5.B-T)
visitar besuchen (7.)
la vitrina Vitrine, Glasschrank (6.A-2)
vivir leben, wohnen (3.A-T)
volar fliegen (7.B-T)
el voleibol Volleyball (5.)
el volumen Lautstärke (6.B-T)
vosotros sois ihr seid (1.A-T)
el vuelo Flug (9.A-T)

Y

y und (1.A-T)
y cuarto viertel nach (5.B-T)
y eso que und dabei ..., obwohl ... (6.B-T)
y media halb (5.B-T)
ya schon (1.A-T), gleich (3.A-T)
yo ich (1.A-T)
yo prefiero ich bevorzuge/ möchte lieber (4.B-11)
yo soy ich bin (1.A-T)
el yogur Joghurt (3.B-10)

Z

las zapatillas Turnschuhe (8.B-1)
el zumo Saft (6.B-T)